Impressum
Verlag: BABADADA GmbH, Nedderfeld 112 , 22529 Hamburg
Geschäftsführer / Verlagsleitung: Harald Hof
Druck: Books on Demand GmbH, In de Tarpen 42, 22848 Norderstedt

Imprint
Publisher: BABADADA GmbH, Nedderfeld 112 , 22529 Hamburg, Germany
Managing Director / Publishing direction: Harald Hof
Print: Books on Demand GmbH, In de Tarpen 42, 22848 Norderstedt, Germany

škola
Schule

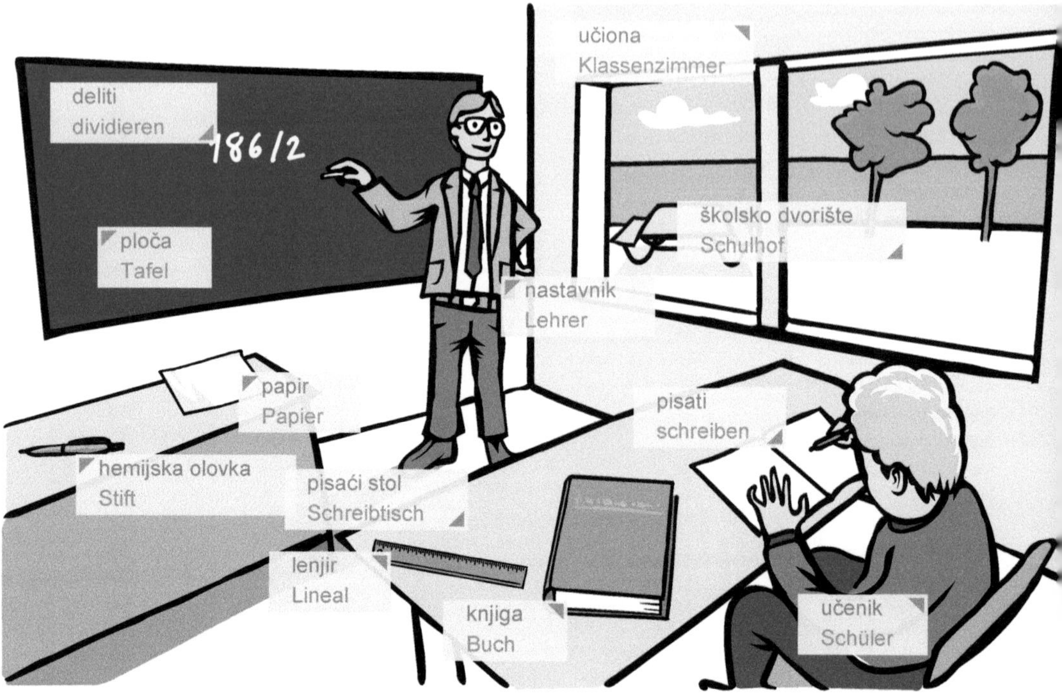
učiona
Klassenzimmer
deliti
dividieren
186/2
ploča
Tafel
školsko dvorište
Schulhof
nastavnik
Lehrer
papir
Papier
pisati
schreiben
hemijska olovka
Stift
pisaći stol
Schreibtisch
lenjir
Lineal
knjiga
Buch
učenik
Schüler

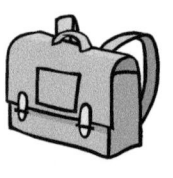

torba
Ranzen

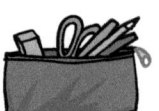

pernica
Federmappe

grafitna olovka
Bleistift

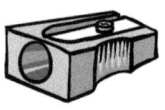

šiljilo za olovke
Bleistiftanspitzer

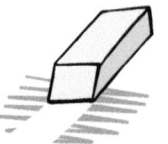

gumica za brisanje
Radiergummi

blok za crtanje
Zeichenblock

crtež
Zeichnung

kist
Pinsel

kutija sa bojama
Malkasten

makaze
Schere

lepilo
Klebstoff

beležnica
Übungsheft

domaći zadatak
Hausaufgabe

broj
Zahl

sabirati
addieren

oduzimati
subtrahieren

množiti
multiplizieren

računati
rechnen

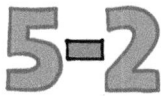

slovo
Buchstabe

abeceda
Alphabet

reč
Wort

tekst

Text

čitati

lesen

kreda

Kreide

čas

Stunde

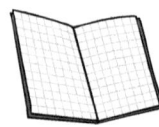

dnevnik

Klassenbuch

ispit

Prüfung

svedočanstvo

Zeugnis

školska uniforma

Schuluniform

obrazovanje

Ausbildung

leksikon

Lexikon

univerzitet

Universität

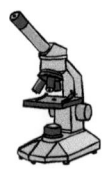

mikroskop

Mikroskop

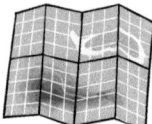

karta

Karte

košara za papir

Papierkorb

putovanje
Reise

Grand
hotel
Hotel
prenoćište
Herberge
ROOMS
menjačnica
Wechselstube
kofer
Koffer
auto
Auto

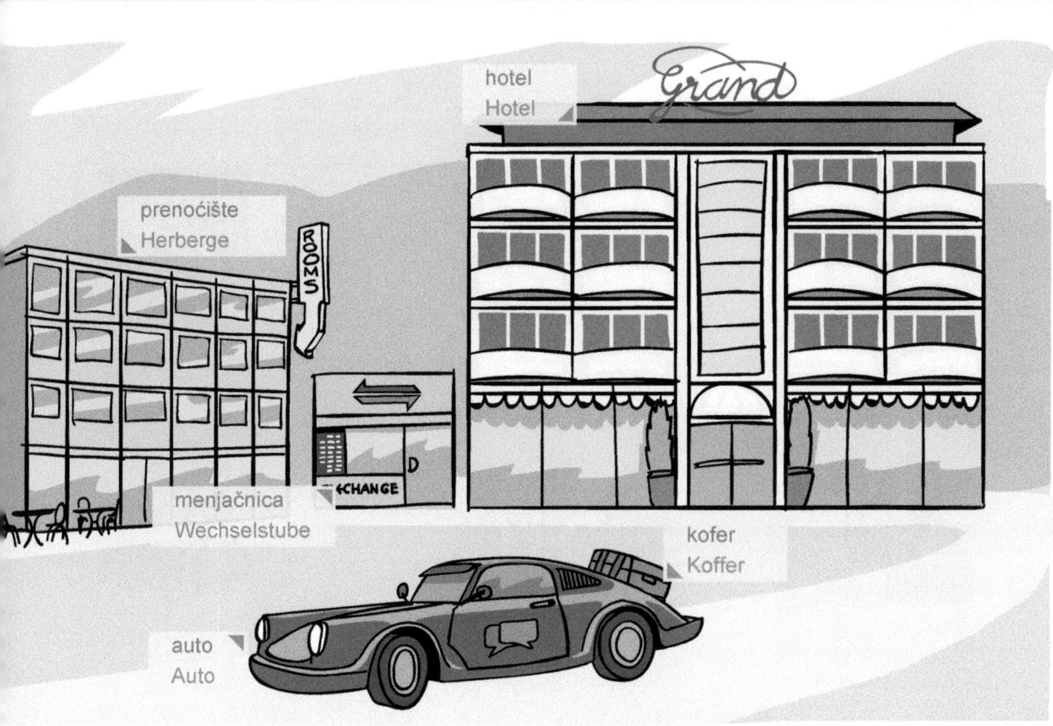

jezik

Sprache

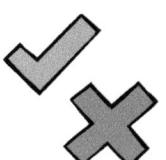

da / ne

ja / nein

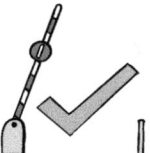

okej

Okay

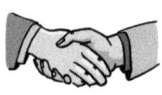

zdravo

Hallo

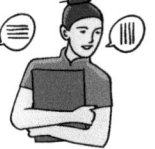

prevodilac

Übersetzer

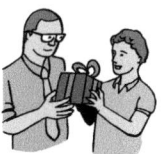

hvala

Danke

Koliko košta...?

Was kostet...?

ne razumem

Ich verstehe nicht

problem

Problem

dobro veče!

Guten Abend!

Dobro jutro!

Guten Morgen!

Laku noć!

Gute Nacht!

doviđenja

Auf Wiedersehen

smer

Richtung

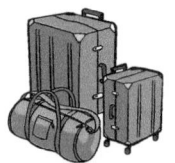

prtljaga

Gepäck

torba

Tasche

ruksak

Rucksack

gost

Gast

soba

Zimmer

vreća za spavanje

Schlafsack

šator

Zelt

turističke informacije

Touristeninformation

plaža

Strand

kreditna kartica

Kreditkarte

doručak

Frühstück

ručak

Mittagessen

večera

Abendessen

karta za vožnju

Fahrkarte

lift

Fahrstuhl

poštanska markica

Briefmarke

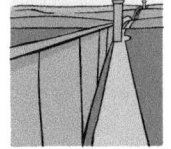

granica

Grenze

carina

Zoll

ambasada

Botschaft

viza

Visum

pasoš

Pass

transport
Transport

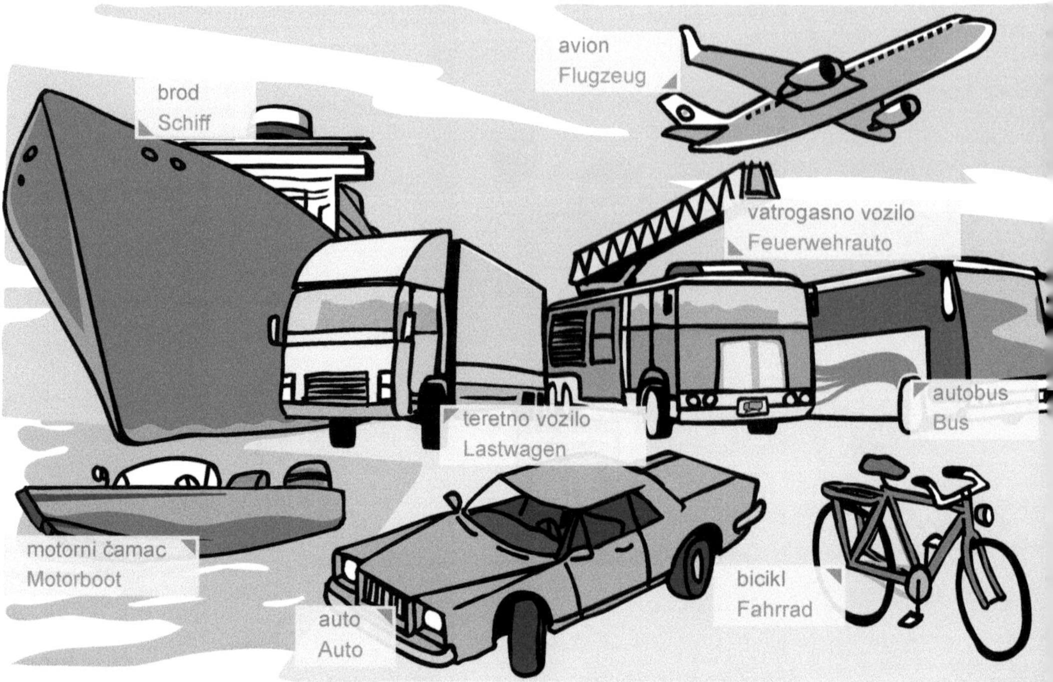
avion
Flugzeug
brod
Schiff
vatrogasno vozilo
Feuerwehrauto
autobus
Bus
teretno vozilo
Lastwagen
motorni čamac
Motorboot
bicikl
Fahrrad
auto
Auto

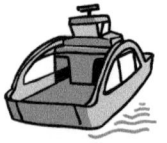

trajekt

Fähre

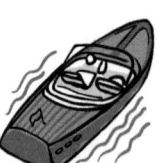

čamac

Boot

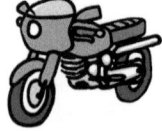

motocikl

Motorrad

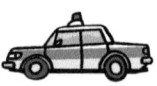

policijski auto

Polizeiauto

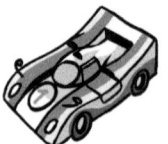

trkaći auto

Rennauto

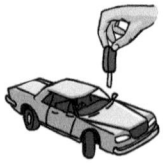

iznajmljeno auto

Mietwagen

delenje automobila

Carsharing

vučno vozilo

Abschleppwagen

vozilo za odvoz smeća

Müllauto

motor

Motor

benzin

Kraftstoff

benzinska stanica

Tankstelle

saobraćajni znak

Verkehrsschild

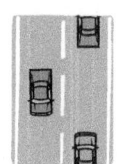

saobraćaj

Verkehr

zastoj

Stau

parkiralište

Parkplatz

železnička stanica

Bahnhof

šine

Schienen

voz

Zug

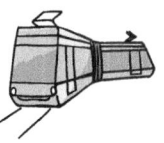

tramvaj

Straßenbahn

vagon

Wagon

helikopter

Helikopter

aerodrom

Flughafen

kula

Tower

putnik

Passagier

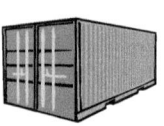

kontejner

Container

karton

Karton

kolica

Karren

korpa

Korb

uzleteti / sleteti

starten / landen

grad
Stadt

selo

Dorf

centar grada

Stadtzentrum

kuća

Haus

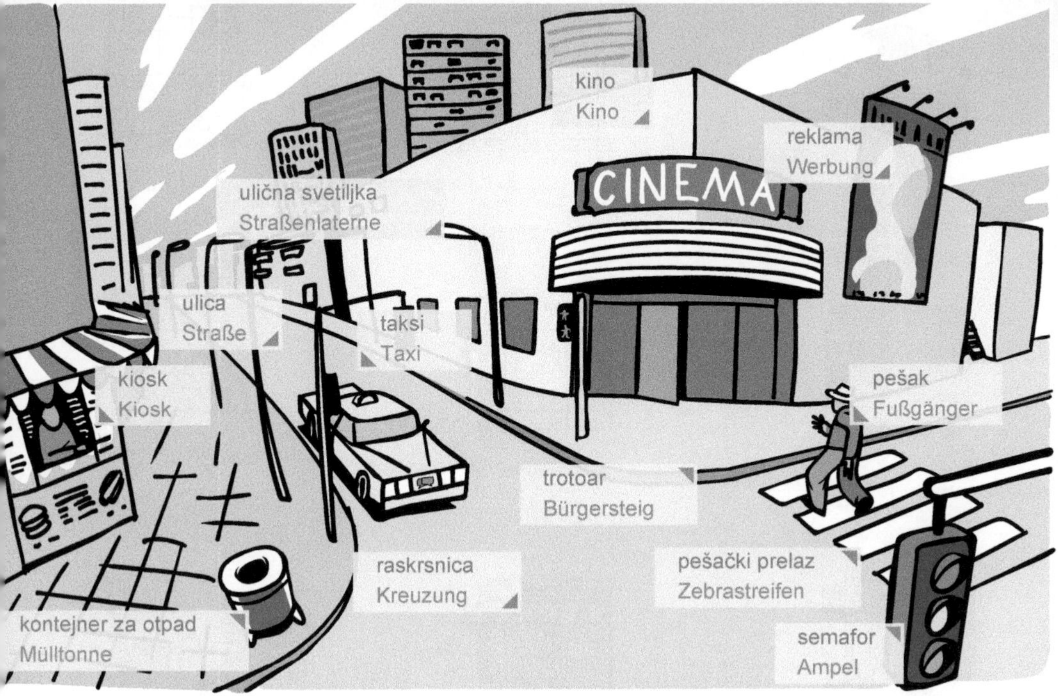

kino
Kino

reklama
Werbung

ulična svetiljka
Straßenlaterne

CINEMA

ulica
Straße

taksi
Taxi

kiosk
Kiosk

pešak
Fußgänger

trotoar
Bürgersteig

raskrsnica
Kreuzung

pešački prelaz
Zebrastreifen

kontejner za otpad
Mülltonne

semafor
Ampel

koliba

Hütte

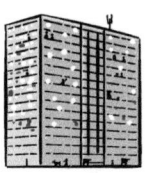

stan

Wohnung

železnička stanica

Bahnhof

većnica

Rathaus

muzej

Museum

škola

Schule

univerzitet

Universität

banka

Bank

bolnica

Krankenhaus

hotel

Hotel

apoteka

Apotheke

kancelarija

Büro

knjižara

Buchhandlung

prodavnica

Geschäft

cvećara

Blumenladen

supermarket

Supermarkt

trg

Markt

robna kuća

Kaufhaus

ribarnica

Fischhändler

trgovački centar

Einkaufszentrum

luka

Hafen

park

Park

klupa

Bank

most

Brücke

stepenice

Treppe

podzemna železnica

U-Bahn

tunel

Tunnel

autobuska stanica

Bushaltestelle

bar

Bar

restoran

Restaurant

poštansko sanduče

Briefkasten

ulični znak

Straßenschild

parkirni automat

Parkuhr

zoološki vrt

Zoo

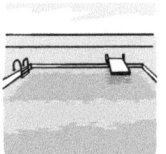

bazen

Badeanstalt

džamija

Moschee

seosko gazdinstvo

Bauernhof

zagađenje okoline

Umweltverschmutzung

groblje

Friedhof

crkva

Kirche

igralište

Spielplatz

hram

Tempel

pejsaž
Landschaft

list
Blatt

putokaz
Wegweiser

put
Weg

livada
Wiese

kamen
Stein

šetač
Wanderer

drvo
Baum

reka
Fluss

trava
Gras

cvijet
Blume

dolina

Tal

planina

Berg

jezero

See

šuma

Wald

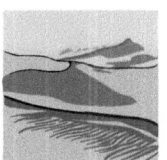

pustinja

Wüste

vulkan

Vulkan

dvorac

Schloss

duga

Regenbogen

gljiva

Pilz

palma

Palme

moskito

Moskito

muva

Fliege

mrav

Ameise

pčela

Biene

pauk

Spinne

buba

Käfer

žaba

Frosch

veverica

Eichhörnchen

jež

Igel

zec

Hase

sova

Eule

ptica

Vogel

labud

Schwan

divlja svinja

Wildschwein

jelen

Hirsch

los

Elch

nasip

Staudamm

vetrenjača

Windrad

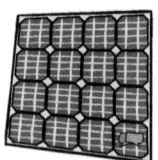

solarna ploča

Solarmodul

klima

Klima

pejsaž - Landschaft

restoran
Restaurant

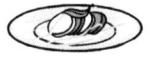

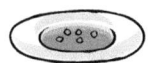

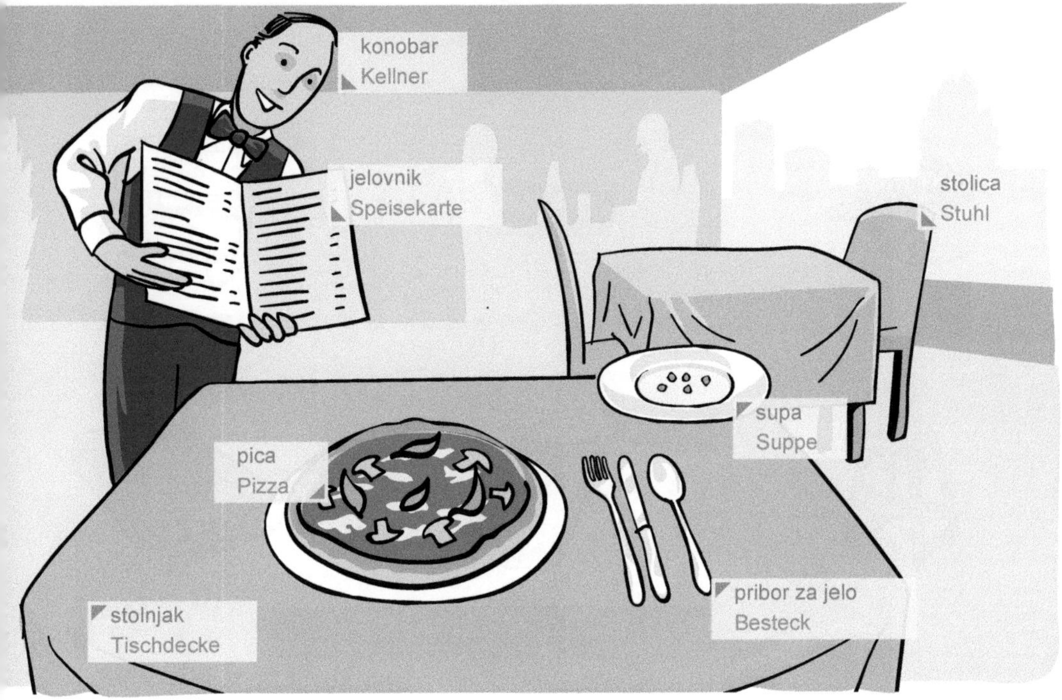
konobar
Kellner
jelovnik
Speisekarte
stolica
Stuhl
supa
Suppe
pica
Pizza
pribor za jelo
Besteck
stolnjak
Tischdecke

predjelo
....
Vorspeise

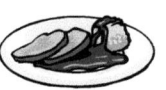

glavno jelo
....
Hauptgericht

desert
....
Nachspeise

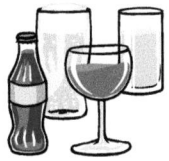

napitci
....
Getränke

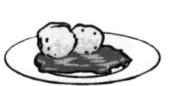

jelo
....
Essen

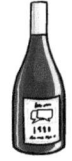

flaša
....
Flasche

brza hrana

Fastfood

imbis hrana

Streetfood

čajnik

Teekanne

doza za šećer

Zuckerdose

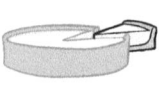

porcija

Portion

aparat za espresso

Espressomaschine

visoka stolica

Hochstuhl

račun

Rechnung

poslužavnik

Tablett

nož

Messer

viljuška

Gabel

kašika

Löffel

čajna kašika

Teelöffel

salveta

Serviette

čaša

Glas

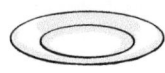

tanjir

Teller

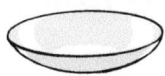

tanjir za supu

Suppenteller

tanjirić

Untertasse

sos

Sauce

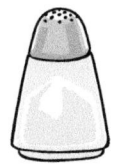

soljenka

Salzstreuer

mlin za biber

Pfeffermühle

sirće

Essig

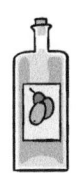

ulje

Öl

začini

Gewürze

kečap

Ketchup

senf

Senf

majoneza

Mayonnaise

supermarket
Supermarkt

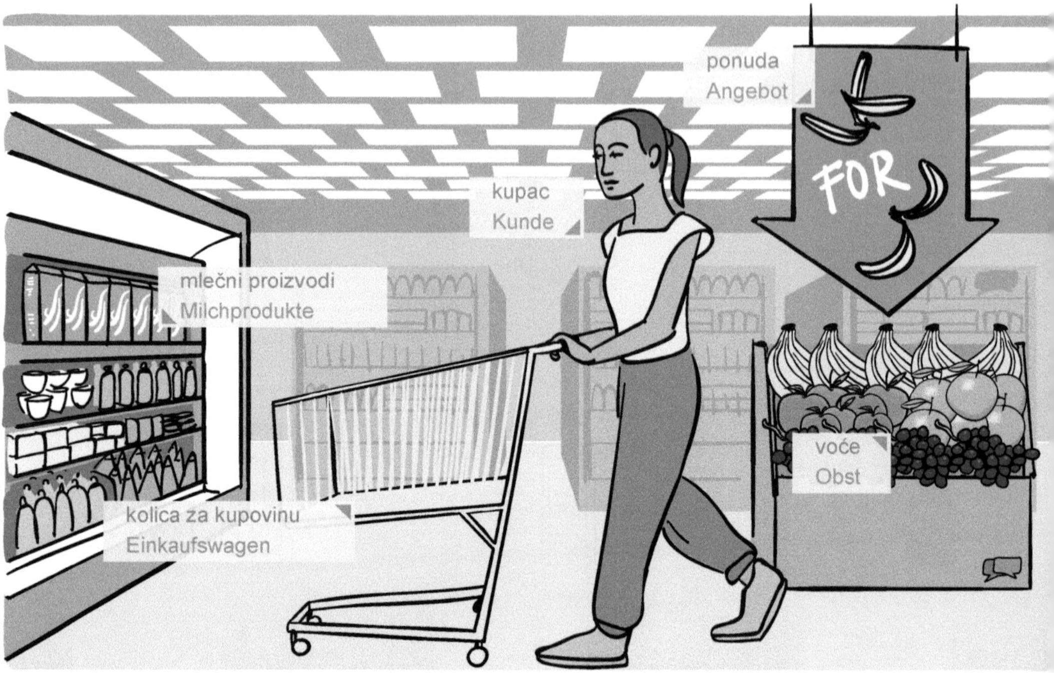

ponuda
Angebot
FOR
kupac
Kunde
mlečni proizvodi
Milchprodukte
voće
Obst
kolica za kupovinu
Einkaufswagen

BUTCHERS

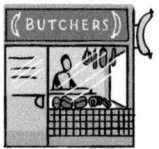

mesnica

Schlachterei

BAKERY

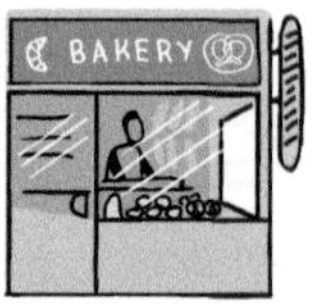

pekara

Bäckerei

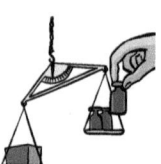

vagati

wiegen

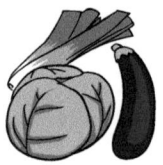

povrće

Gemüse

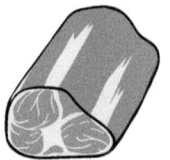

meso

Fleisch

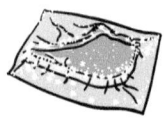

smrznuta hrana

Tiefkühlkost

narezak

Aufschnitt

konzerve

Konserven

sredstvo za pranje

Waschmittel

slatkiši

Süßigkeiten

artikli za domaćinstvo

Haushaltsartikel

sredstva za čišćenje

Reinigungsmittel

prodavačica

Verkäuferin

blagajna

Kasse

blagajnik

Kassierer

lista za kupovinu

Einkaufsliste

vreme rada

Öffnungszeiten

novčanik

Brieftasche

kreditna kartica

Kreditkarte

torba

Tasche

plastična kesa

Plastiktüte

supermarket - Supermarkt

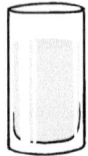

voda

Wasser

sok

Saft

mleko

Milch

kola

Cola

vino

Wein

pivo

Bier

alkohol

Alkohol

kakao

Kakao

čaj

Tee

kava

Kaffee

espresso

Espresso

cappuccino

Cappuccino

banana

Banane

jabuka

Apfel

narandža

Orange

lubenica

Melone

limun

Zitrone

šargarepa

Karotte

beli luk

Knoblauch

bambus

Bambus

luk

Zwiebel

gljiva

Pilz

orašasti plodovi

Nüsse

rezanci

Nudeln

špagete

Spaghetti

riža

Reis

salata

Salat

pomfrit

Pommes frites

pečeni krumpir

Bratkartoffeln

pica

Pizza

hamburger

Hamburger

sendvič

Sandwich

šnicla

Schnitzel

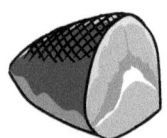

šunka

Schinken

salama

Salami

kobasica

Wurst

kokoš

Huhn

pečenje

Braten

riba

Fisch

zobene pahuljice

Haferflocken

musli

Müsli

kukuruzne pahuljice

Cornflakes

brašno

Mehl

kroasan

Croissant

pecivo

Brötchen

hleb

Brot

toast

Toast

keksi

Kekse

maslac

Butter

sveži sir

Quark

kolač

Kuchen

jaje

Ei

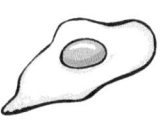

jaje na oko

Spiegelei

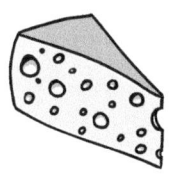

sir

Käse

sladoled

Eiscreme

šećer

Zucker

med

Honig

marmelada

Marmelade

nugat krema

Nougat-Creme

kari

Curry

seosko gazdinstvo
Bauernhof

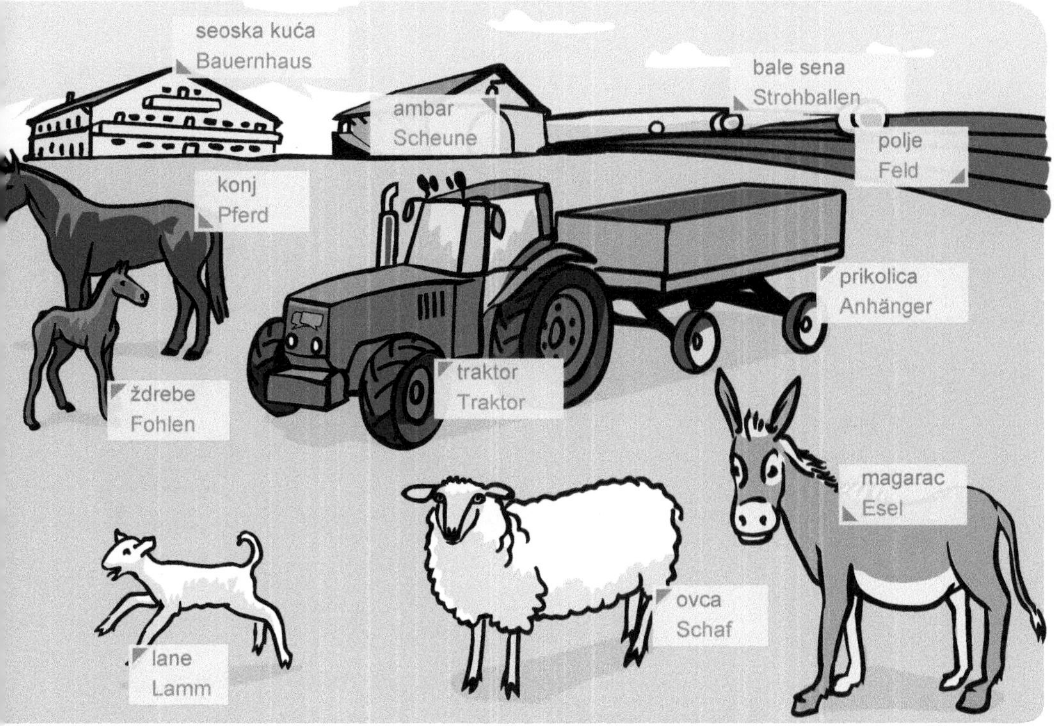

seoska kuća
Bauernhaus
ambar
Scheune
bale sena
Strohballen
polje
Feld
konj
Pferd
prikolica
Anhänger
traktor
Traktor
ždrebe
Fohlen
magarac
Esel
ovca
Schaf
lane
Lamm

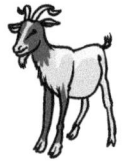

koza

Ziege

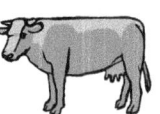

krava

Kuh

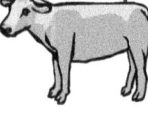

tele

Kalb

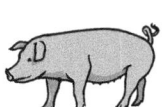

svinja

Schwein

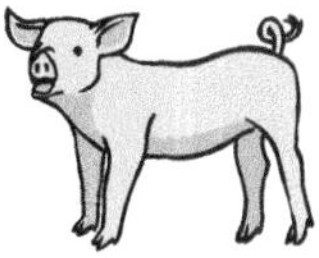

prase

Ferkel

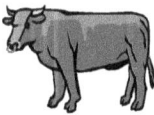

bik

Bulle

guska

Gans

patka

Ente

pilići

Küken

kokoš

Huhn

petao

Hahn

pacov

Ratte

mačka

Katze

miš

Maus

vol

Ochse

pas

Hund

kućica za psa

Hundehütte

vrtno crevo

Gartenschlauch

kanta za polivanje

Gießkanne

kosa

Sense

plug

Pflug

srp

Sichel

motika

Hacke

viljuška za đubrivo

Mistgabel

sekira

Axt

tačke

Schubkarre

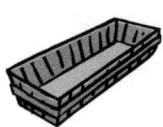

korito

Trog

posuda za mleko

Milchkanne

vreća

Sack

ograda

Zaun

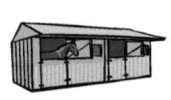

štala

Stall

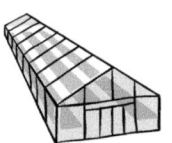

staklenik

Treibhaus

zemlja

Boden

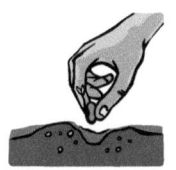

seme

Saat

đubrivo

Dünger

kombajn

Mähdrescher

žeti

ernten

žetva

Ernte

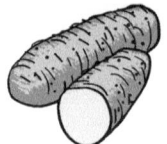

jams začin

Yamswurzel

pšenica

Weizen

soja

Soja

krumpir

Kartoffel

kukuruz

Mais

uljana repica

Raps

voćka

Obstbaum

gomolj manioke

Maniok

žitarice

Getreide

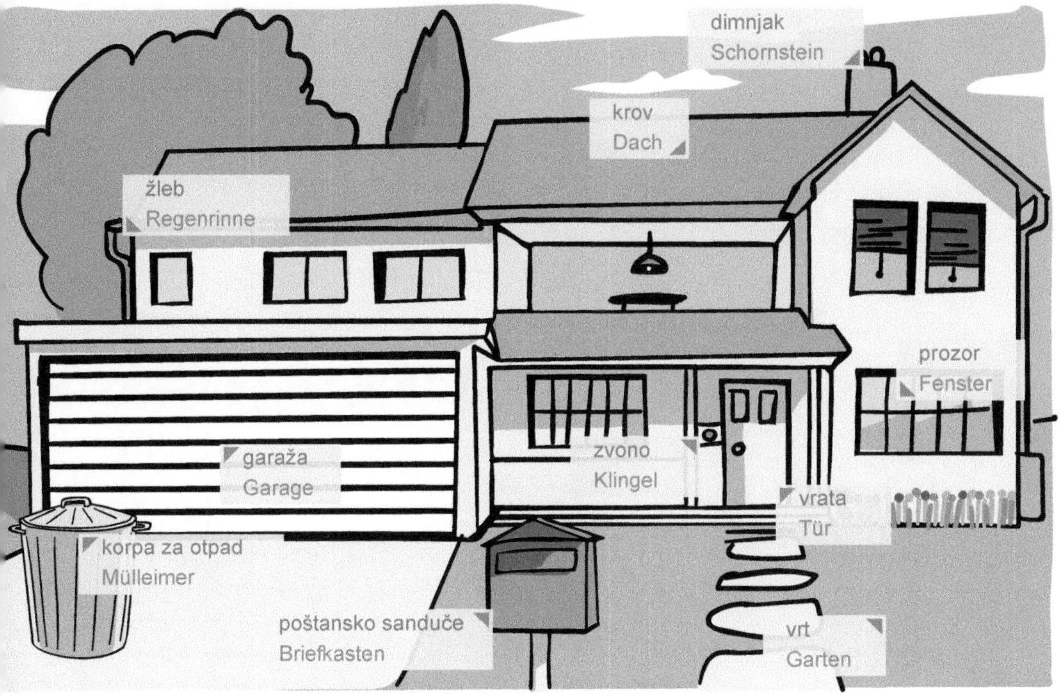

dimnjak
Schornstein

krov
Dach

žleb
Regenrinne

prozor
Fenster

garaža
Garage

zvono
Klingel

vrata
Tür

korpa za otpad
Mülleimer

poštansko sanduče
Briefkasten

vrt
Garten

dnevna soba

Wohnzimmer

kupaonica

Badezimmer

kuhinja

Küche

spavaća soba

Schlafzimmer

dečija soba

Kinderzimmer

trpezarija

Esszimmer

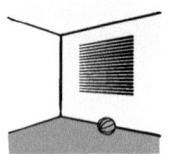

pod
Boden

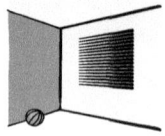

zid
Wand

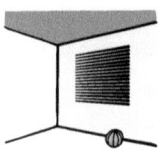

strop
Decke

podrum
Keller

sauna
Sauna

balkon
Balkon

terasa
Terrasse

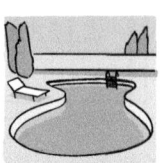

bazen
Schwimmbad

kosilica za travu
Rasenmäher

posteljina za krevet
Bettbezug

deka za krevet
Bettdecke

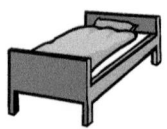

krevet
Bett

metla
Besen

kanta
Eimer

prekidač
Schalter

dnevna soba
Wohnzimmer

tapeta
Tapete
slika
Bild
svetiljka
Lampe
regal
Regal
ormar
Schrank
televizija
Fernseher
kamin
Kamin
cvijet
Blume
jastuk
Kissen
kauč
Sofa
vaza
Vase
daljinski upravljač
Fernbedienung

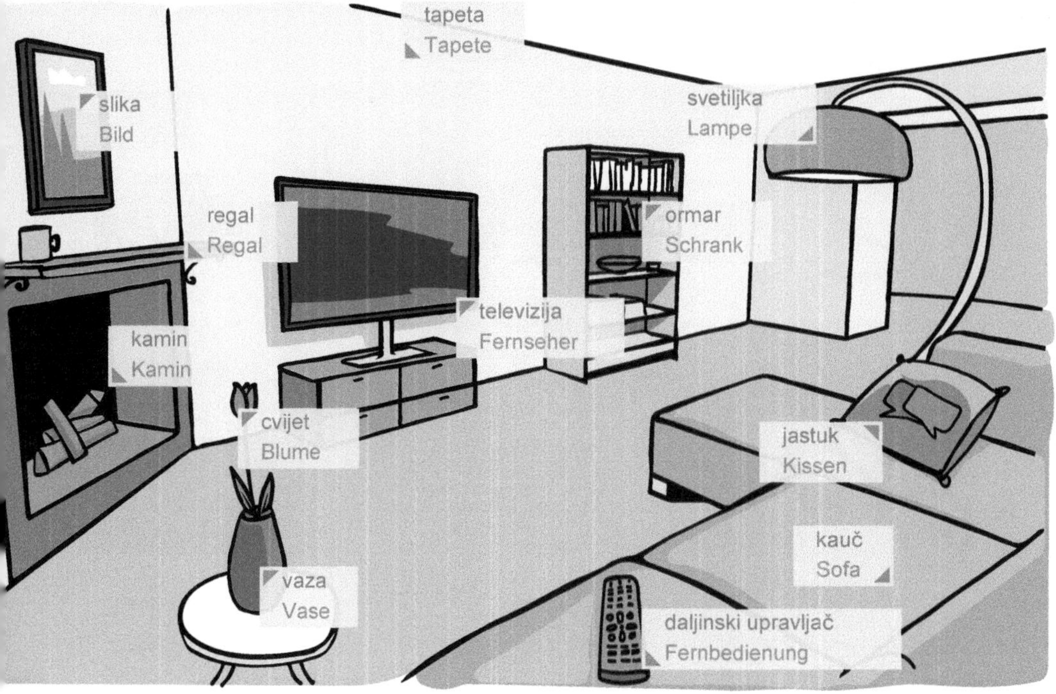

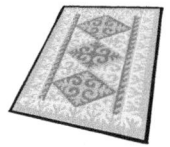

tepih

Teppich

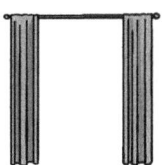

zavesa

Vorhang

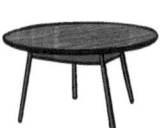

sto

Tisch

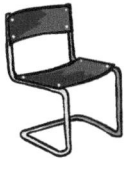

stolica

Stuhl

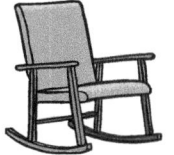

stolica za njihanje

Schaukelstuhl

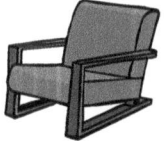

fotelja

Sessel

knjiga

Buch

deka

Decke

dekoracija

Dekoration

drvo za ogrev

Feuerholz

film

Film

hi-fi uređaj

Stereoanlage

ključ

Schlüssel

novine

Zeitung

slika na platnu

Gemälde

poster

Poster

radio

Radio

blok za pisanje

Notizblock

usisivač

Staubsauger

kaktus

Kaktus

sveća

Kerze

kuhinja
Küche

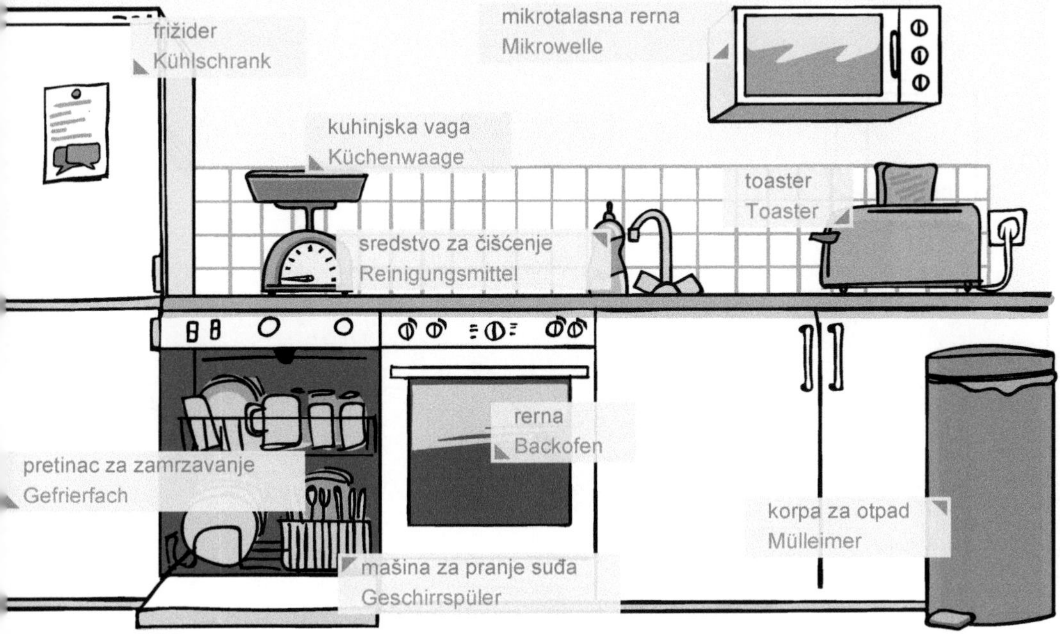

frižider
Kühlschrank
mikrotalasna rerna
Mikrowelle
kuhinjska vaga
Küchenwaage
toaster
Toaster
sredstvo za čišćenje
Reinigungsmittel
rerna
Backofen
pretinac za zamrzavanje
Gefrierfach
korpa za otpad
Mülleimer
mašina za pranje suđa
Geschirrspüler

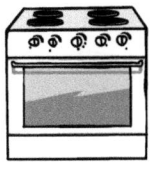

šporet

Herd

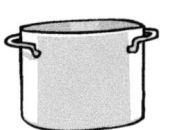

lonac

Topf

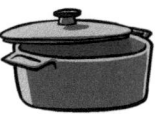

gvozdeni lonac

Eisentopf

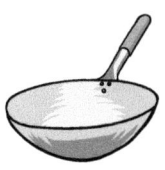

wok / kadai

Wok / Kadai

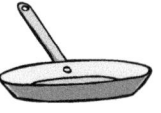

tava

Pfanne

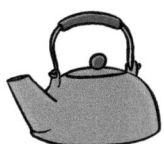

kuvalo za vodu

Wasserkocher

kuvalo na paru

Dampfgarer

lim za pečenje

Backblech

posuđe

Geschirr

čaša

Becher

posuda

Schale

štapići za jelo

Essstäbchen

kutlača

Suppenkelle

lopatica

Pfannenwender

penjača

Schneebesen

sito za kuvanje

Kochsieb

sito

Sieb

ribež

Reibe

mužar

Mörser

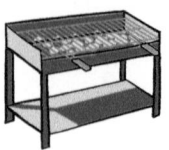

roštilj

Grill

ognjište

Feuerstelle

daska

Schneidebrett

oklagija

Nudelholz

vadičep

Korkenzieher

konzerva

Dose

otvarač konzervi

Dosenöffner

krpa za lonac

Topflappen

sudoper

Waschbecken

četka

Bürste

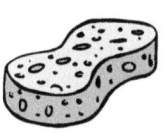

sunđer

Schwamm

mikser

Mixer

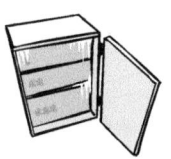

zamrzivač

Gefriertruhe

flašica za bebe

Babyflasche

slavina za vodu

Wasserhahn

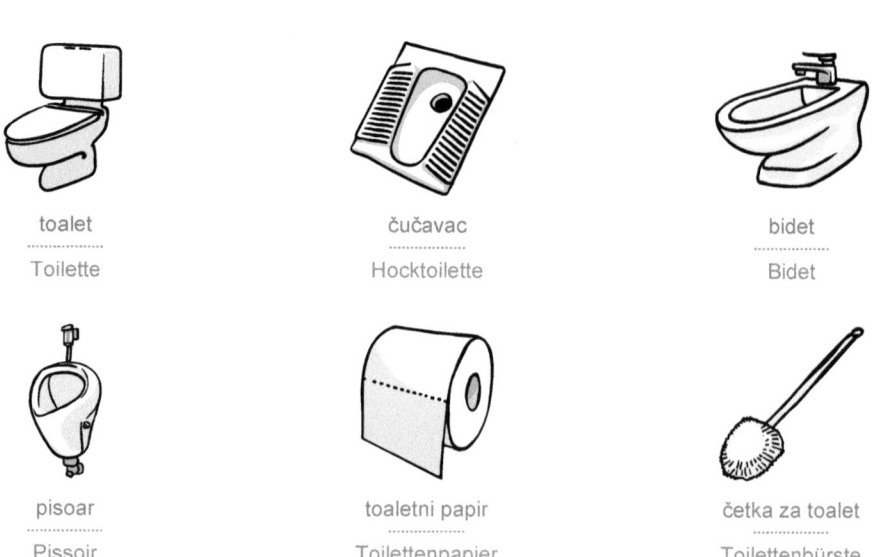

kupaonica
Badezimmer

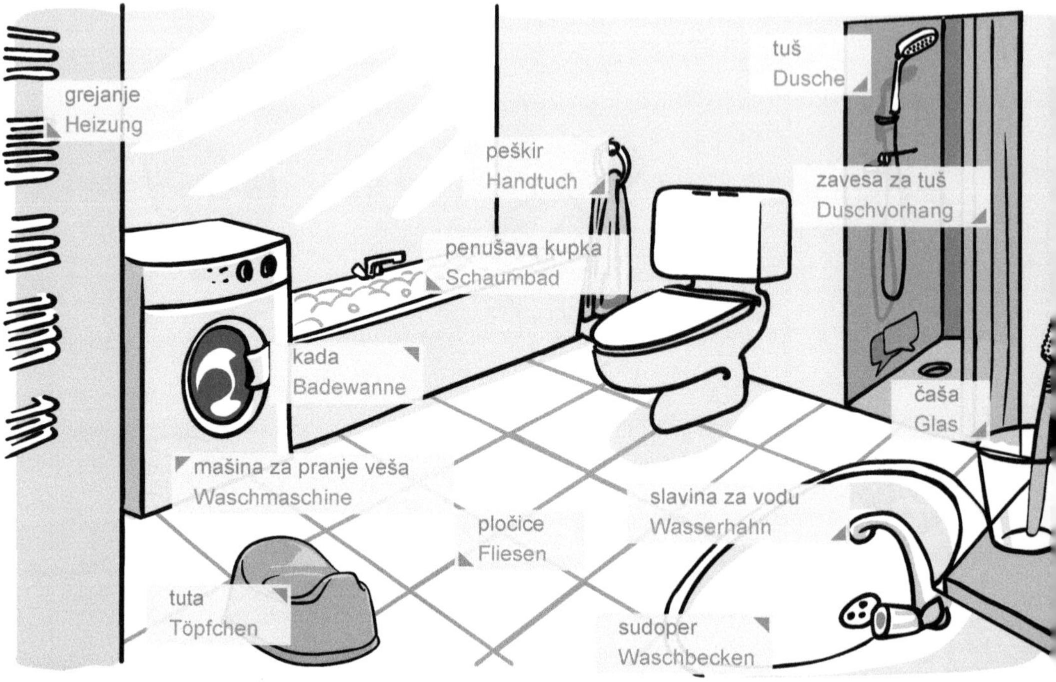

tuš
Dusche
grejanje
Heizung
peškir
Handtuch
zavesa za tuš
Duschvorhang
penušava kupka
Schaumbad
kada
Badewanne
čaša
Glas
mašina za pranje veša
Waschmaschine
slavina za vodu
Wasserhahn
pločice
Fliesen
tuta
Töpfchen
sudoper
Waschbecken

toalet

Toilette

čučavac

Hocktoilette

bidet

Bidet

pisoar

Pissoir

toaletni papir

Toilettenpapier

četka za toalet

Toilettenbürste

četkica za zube

Zahnbürste

pasta za zube

Zahnpasta

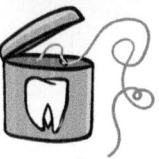

konac za zube

Zahnseide

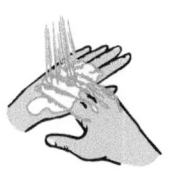

prati

waschen

tuš ručica

Handbrause

tuš za pranje intimnih
delova

Intimdusche

lavor

Waschschüssel

četka za pranje leđa

Rückenbürste

sapun

Seife

gel za tuširanje

Duschgel

šampon

Shampoo

krpa za pranje

Waschlappen

odvod

Abfluss

krema

Creme

dezodorans

Deodorant

ogledalo

Spiegel

kozmetičko ogledalo

Kosmetikspiegel

brijač

Rasierer

pena za brijanje

Rasierschaum

losion za posle brijanja

Rasierwasser

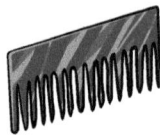

češalj

Kamm

četka

Bürste

fen za kosu

Föhn

sprej za kosu

Haarspray

makeup

Makeup

ruž za usne

Lippenstift

lak za nokte

Nagellack

vata

Watte

makaze za nokte

Nagelschere

parfem

Parfum

kozmetička torbica

Kulturbeutel

stolica

Hocker

vaga

Waage

ogrtač

Bademantel

rukavice za čišćenje

Gummihandschuhe

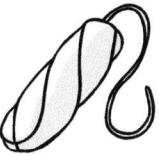

tampon

Tampon

uložak

Damenbinde

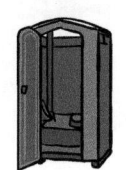

hemijski toalet

Chemietoilette

dečija soba
Kinderzimmer

budilnik
Wecker
plišana igračka
Kuscheltier
auto igračka
Spielzeugauto
zvečka
Rassel
kućica za lutke
Puppenhaus
poklon
Geschenk

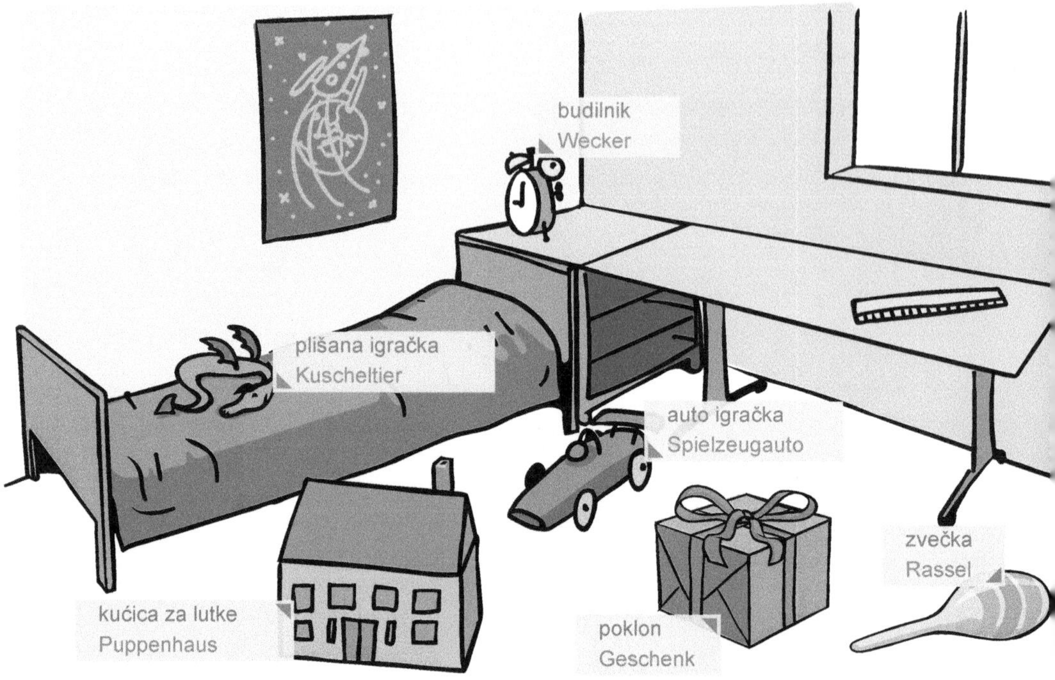

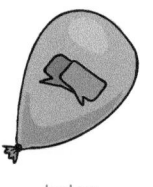

balon

Ballon

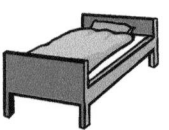

krevet

Bett

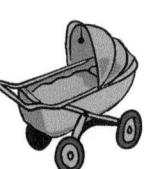

dječija kolica

Kinderwagen

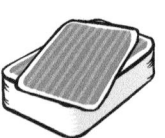

igra s kartama

Kartenspiel

slagalica

Puzzle

SUPER
MEGA

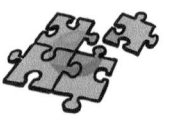

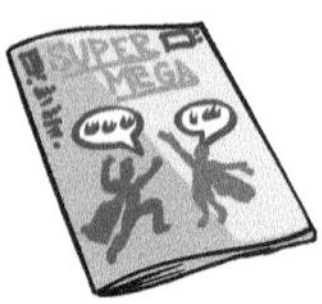

strip

Comic

lego kockice

Legosteine

kockice za slaganje

Bausteine

akcioni junak

Action Figur

benkica za bebe

Strampelanzug

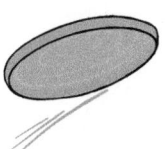

frizbi

Frisbee

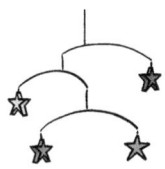

viseće igračke

Mobile

društvene igre

Brettspiel

kocka

Würfel

minijaturna željeznica

Modelleisenbahn

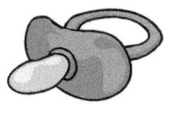

duda

Schnuller

zabava

Party

slikovnica

Bilderbuch

lopta

Ball

lutka

Puppe

igrati

spielen

pješčanik

Sandkasten

ljuljačka

Schaukel

igračka

Spielzeug

konzola za igre

Spielkonsole

tricikl

Dreirad

tedi

Teddy

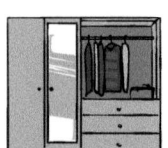

ormar

Kleiderschrank

odeća

Kleidung

kratke čarape

Socken

čarape

Strümpfe

hulahopke

Strumpfhose

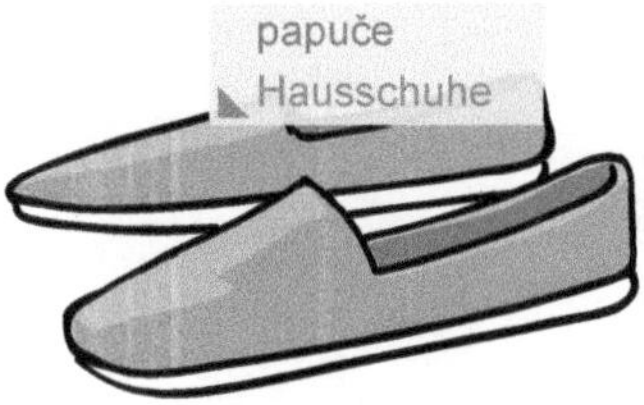

šal
Schal

kaiš
Gürtel

kišobran
Regenschirm

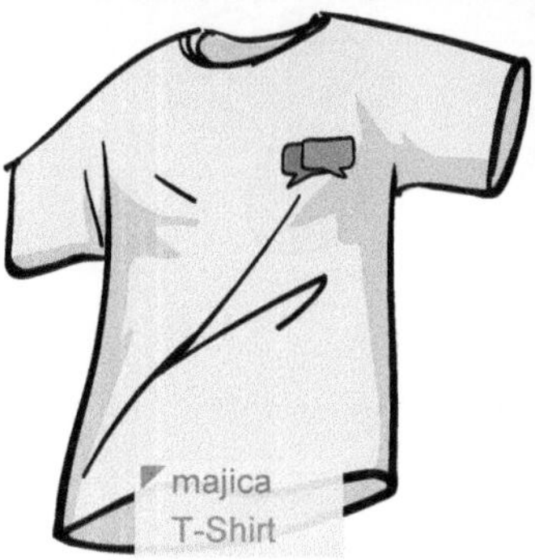

majica
T-Shirt

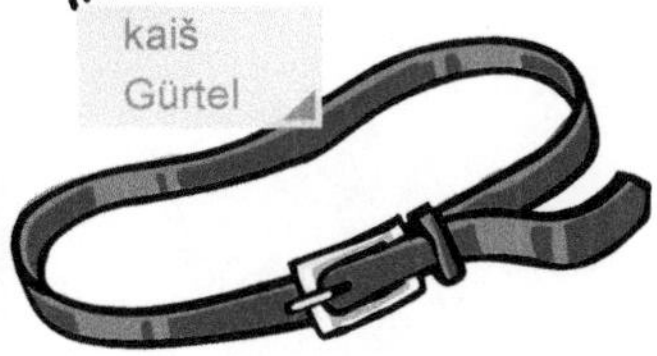

patike
Turnschuhe

čizme
Stiefel

papuče
Hausschuhe

sandale
....
Sandalen

cipele
....
Schuhe

gumene čizme
....
Gummistiefel

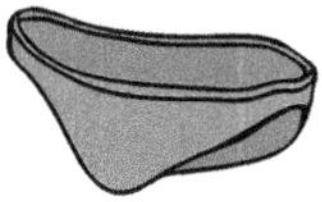

gaćice
....
Unterhose

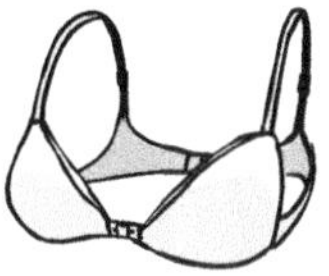

grudnjak
....
Büstenhalter

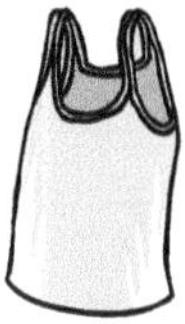

potkošulja
....
Unterhemd

bodi
Body

pantalone
Hose

farmerke
Jeans

suknja
Rock

bluza
Bluse

košulja
Hemd

džemper
Pullover

džemper s kapuljačom
Kapuzenpullover

sako
Blazer

jakna
Jacke

kaput
Mantel

kabanica
Regenmantel

kostim
Kostüm

haljina
Kleid

venčanica
Hochzeitskleid

odelo

Anzug

spavaćica

Nachthemd

pidžama

Schlafanzug

sari

Sari

marama za glavu

Kopftuch

turban

Turban

burka

Burka

kaftan

Kaftan

abaja

Abaya

kupaći kostim

Badeanzug

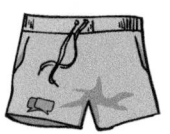

kupaće gaćice

Badehose

kratke pantalone

Kurze Hose

odeća za trening

Trainingsanzug

kecelja

Schürze

rukavice

Handschuhe

dugme

Knopf

naočare

Brille

narukvica

Armband

ogrlica

Halskette

prsten

Ring

naušnica

Ohrring

kapa

Mütze

vešalica

Kleiderbügel

šešir

Hut

kravata

Krawatte

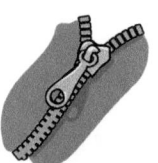

patent zatvarač

Reißverschluss

kaciga

Helm

naramenice

Hosenträger

školska uniforma

Schuluniform

uniforma

Uniform

odeća - Kleidung

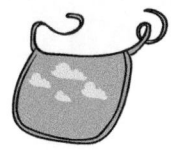

podbradak

Lätzchen

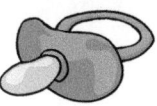

duda

Schnuller

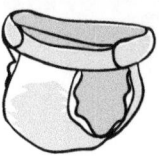

pelena

Windel

kancelarija

Büro

server
Server
ormar za spise
Aktenschrank
štampač
Drucker
papir
Papier
monitor
Monitor
miš
Maus
pisaći stol
Schreibtisch
mapa
Ordner
tastatura
Tastatur
stolica
Stuhl
košara za papir
Papierkorb
kompjuter
Computer

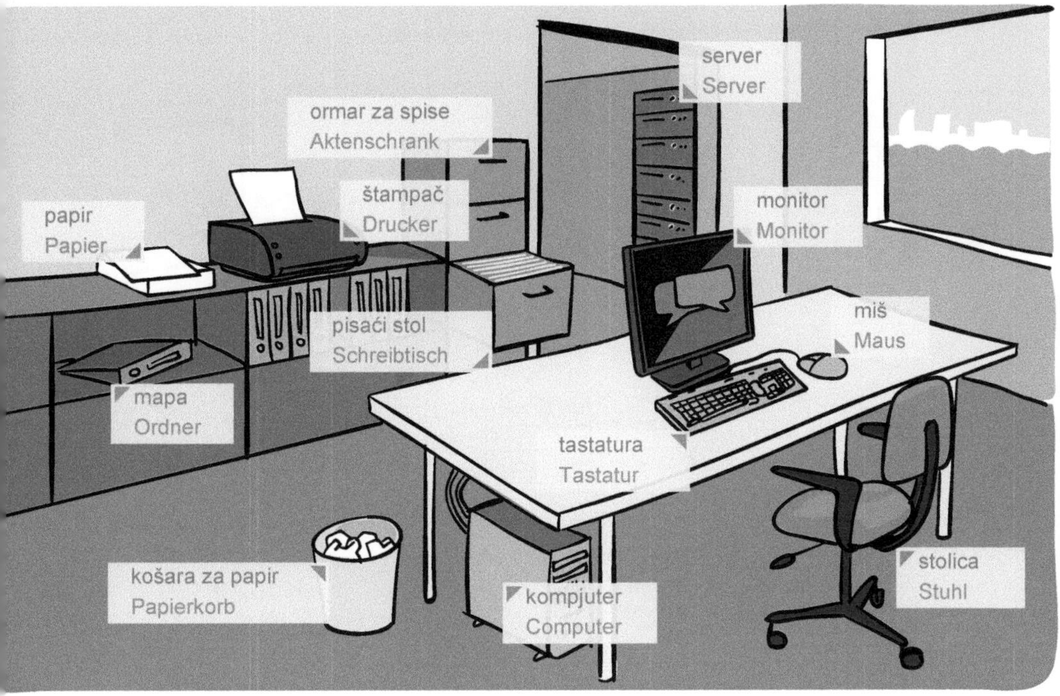

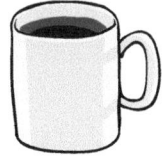

šalica za kavu

Kaffeebecher

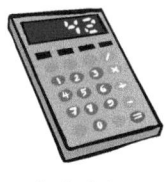

kalkulator

Taschenrechner

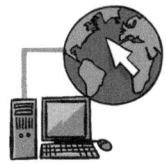

internet

Internet

laptop

Laptop

pismo

Brief

poruka

Nachricht

mobilni telefon

Handy

mreža

Netzwerk

uređaj za kopiranje

Kopierer

softver

Software

telefon

Telefon

utičnica

Steckdose

faks

Fax

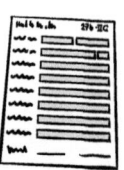

formular

Formular

dokument

Dokument

kupovati

kaufen

platiti

bezahlen

trgovati

handeln

novac

Geld

dolar

Dollar

evro

Euro

jen

Yen

rublja

Rubel

švajcarski franak

Franken

renmindbi juan

Renminbi Yuan

rupija

Rupie

automat za novac

Geldautomat

menjačnica

Wechselstube

zlato

Gold

srebro

Silber

nafta

Öl

energija

Energie

cena

Preis

ugovor

Vertrag

porez

Steuer

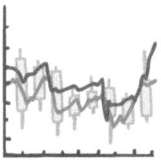

deonica

Aktie

raditi

arbeiten

službenik

Angestellter

poslodavac

Arbeitgeber

fabrika

Fabrik

prodavnica

Geschäft

zanimanja
Berufe

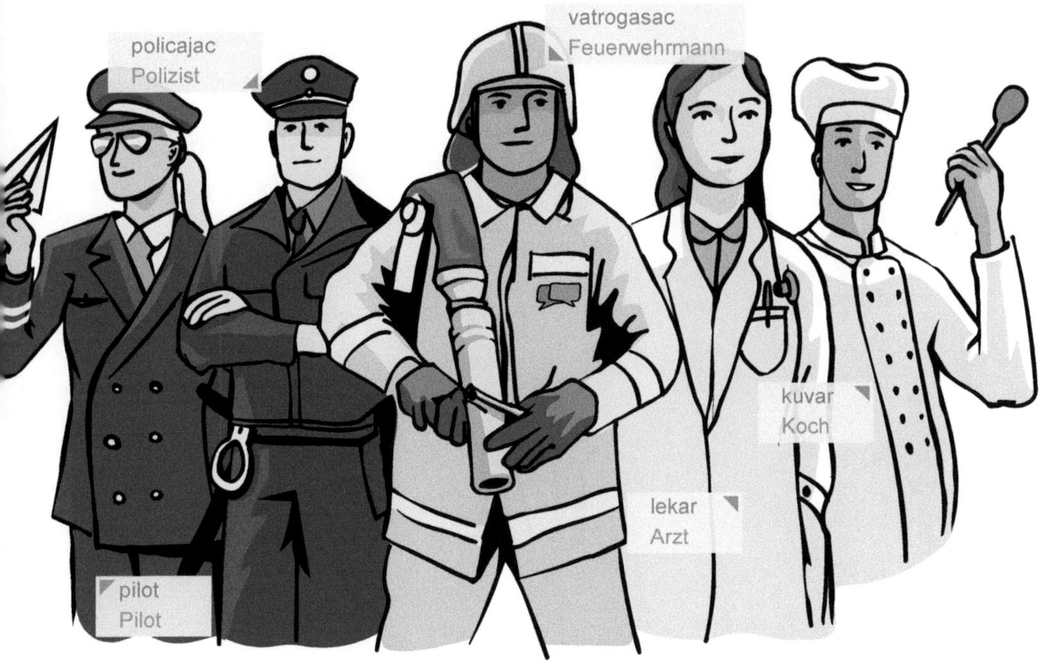
vatrogasac
Feuerwehrmann
policajac
Polizist
kuvar
Koch
lekar
Arzt
pilot
Pilot

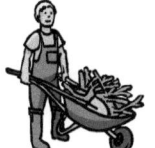

vrtlar

Gärtner

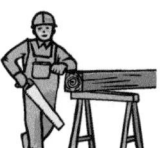

stolar

Tischler

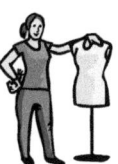

krojačica

Näherin

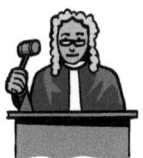

sudija

Richter

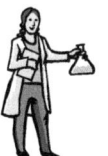

hemičar

Chemiker

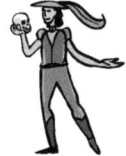

glumac

Schauspieler

vozač autobusa

Busfahrer

vozač taksija

Taxifahrer

ribar

Fischer

čistačica

Putzfrau

krovopokrivač

Dachdecker

konobar

Kellner

lovac

Jäger

slikar

Maler

pekar

Bäcker

električar

Elektriker

građevinski radnik

Bauarbeiter

inženjer

Ingenieur

mesar

Schlachter

limar

Klempner

poštar

Postbote

vojnik

Soldat

arhitekta

Architekt

blagajnik

Kassierer

cvećar

Florist

frizer

Friseur

kondukter

Schaffner

mehaničar

Mechaniker

kapetan

Kapitän

zubar

Zahnarzt

naučnik

Wissenschaftler

rabi

Rabbi

imam

Imam

monah

Mönch

svećenik

Geistlicher

alati
Werkzeuge

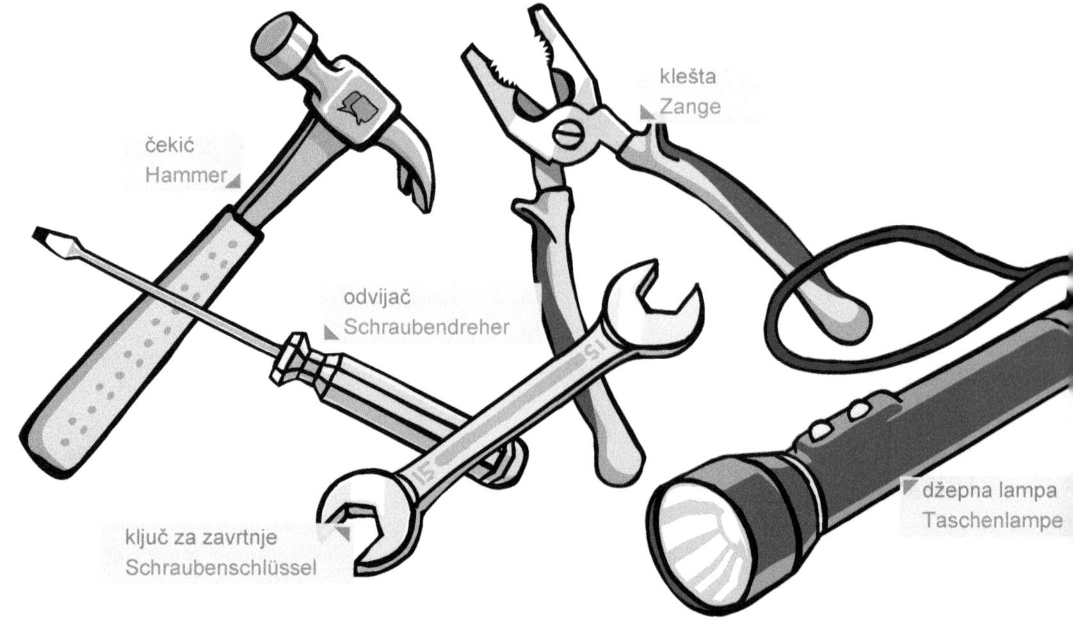

čekić
Hammer
kliješta
Zange
odvijač
Schraubendreher
ključ za zavrtnje
Schraubenschlüssel
džepna lampa
Taschenlampe

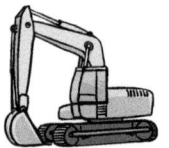

bager

Bagger

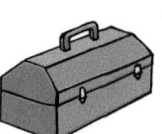

kutija za alat

Werkzeugkasten

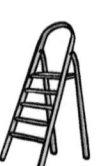

merdevine

Leiter

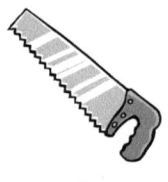

pila

Säge

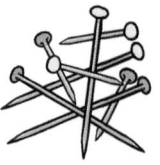

ekser

Nägel

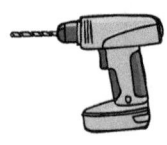

bušilica

Bohrer

popraviti

reparieren

lopata

Schaufel

do đavola!

Mist!

lopatica

Kehrblech

lonac za boju

Farbtopf

zavrtanji

Schrauben

muzički instrument
Musikinstrumente

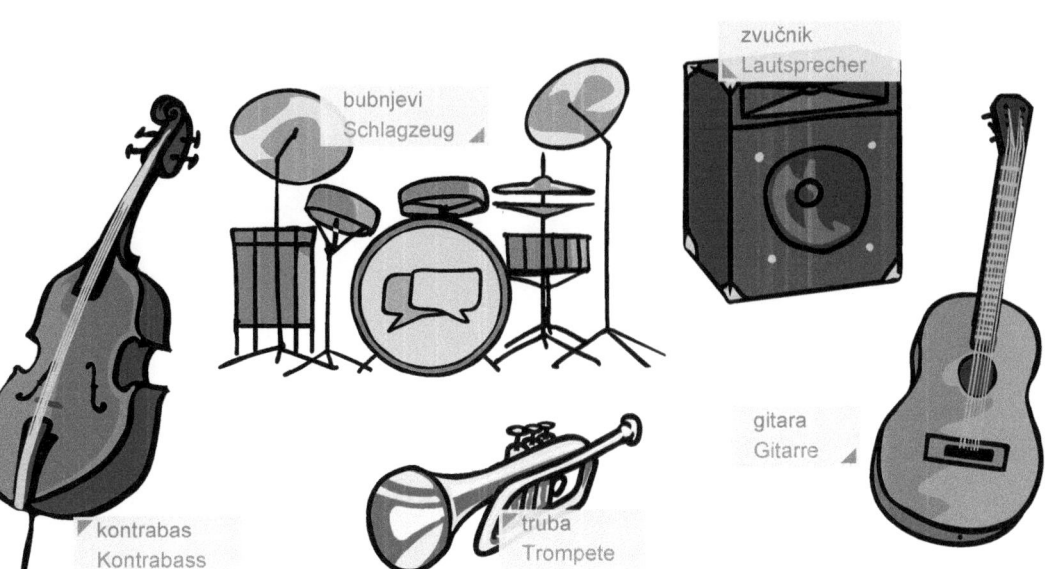

zvučnik
Lautsprecher

bubnjevi
Schlagzeug

gitara
Gitarre

kontrabas
Kontrabass

truba
Trompete

klavir

Klavier

violina

Violine

bas

Bass

timpani

Pauke

udaraljke za bubnjeve

Trommeln

tipke klavira

Keyboard

saksofon

Saxophon

flauta

Flöte

mikrofon

Mikrofon

zoološki vrt
Zoo

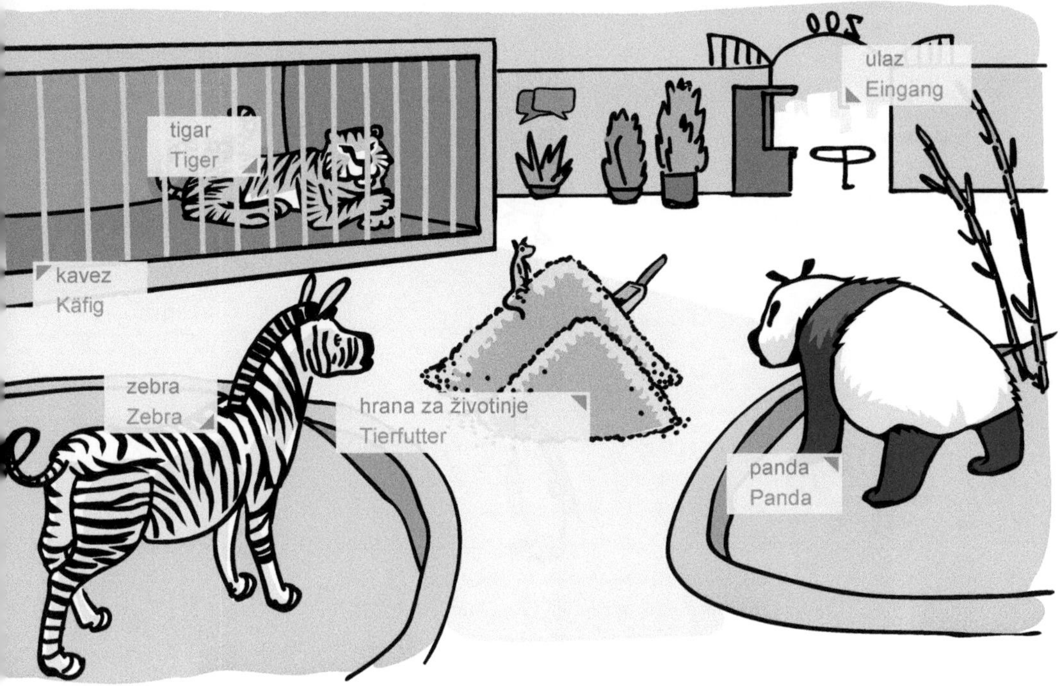
ulaz
Eingang
tigar
Tiger
kavez
Käfig
zebra
Zebra
hrana za životinje
Tierfutter
panda
Panda

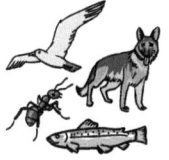

životinje

Tiere

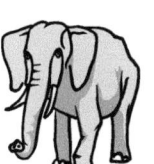

slon

Elefant

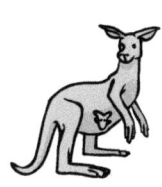

kengur

Känguru

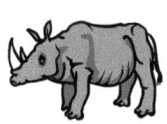

nosorog

Nashorn

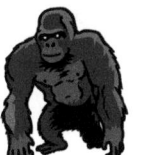

gorila

Gorilla

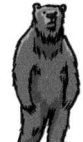

medved

Bär

kamila

Kamel

noj

Strauß

lav

Löwe

majmun

Affe

flamingo

Flamingo

papagaj

Papagei

polarni medved

Eisbär

pingvin

Pinguin

ajkula

Hai

paun

Pfau

zmija

Schlange

krokodil

Krokodil

čuvar u zoološkom vrtu

Zoowärter

tuljan

Robbe

jaguar

Jaguar

poni

Pony

leopard

Leopard

nilski konj

Nilpferd

žirafa

Giraffe

orao

Adler

divlja svinja

Wildschwein

riba

Fisch

kornjača

Schildkröte

morž

Walross

lisica

Fuchs

gazela

Gazelle

američki nogomet
American Football

biciklizam
Radfahren

tenis
Tennis

košarka
Basketball

plivanje
Schwimmen

boks
Boxen

hokej na ledu
Eishockey

fudbal
Fußball

badminton
Badminton

atletika
Leichtathletik

rukomet
Handball

skijanje
Skilaufen

polo
Polo

skočiti
springen

zagrliti
umarmen

smejati se
lachen

ići
gehen

pevati
singen

sanjati
träumen

moliti se
beten

poljubiti
küssen

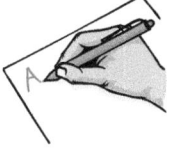

pisati

schreiben

crtati

zeichnen

pokazati

zeigen

gurati

drücken

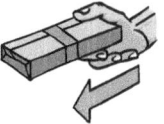

dati

geben

uzeti

nehmen

imati

haben

činiti

tun

biti

sein

stojati

stehen

trčati

laufen

povlačiti

ziehen

baciti

werfen

padati

fallen

ležati

liegen

čekati

warten

nositi

tragen

sediti

sitzen

oblačiti

anziehen

spavati

schlafen

probuditi se

aufwachen

gledati

ansehen

plakati

weinen

milovati

streicheln

češljati

kämmen

govoriti

reden

razumeti

verstehen

pitati

fragen

slušati

hören

piti

trinken

jesti

essen

pospremiti

aufräumen

voleti

lieben

kuhati

kochen

voziti

fahren

leteti

fliegen

ploviti

segeln

računati

rechnen

čitati

lesen

učiti

lernen

raditi

arbeiten

venčati se

heiraten

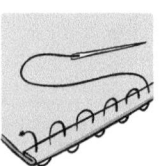

šiti

nähen

prati zube

Zähne putzen

ubiti

töten

pušiti

rauchen

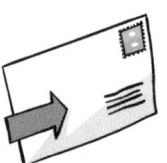

poslati

senden

porodica
Familie

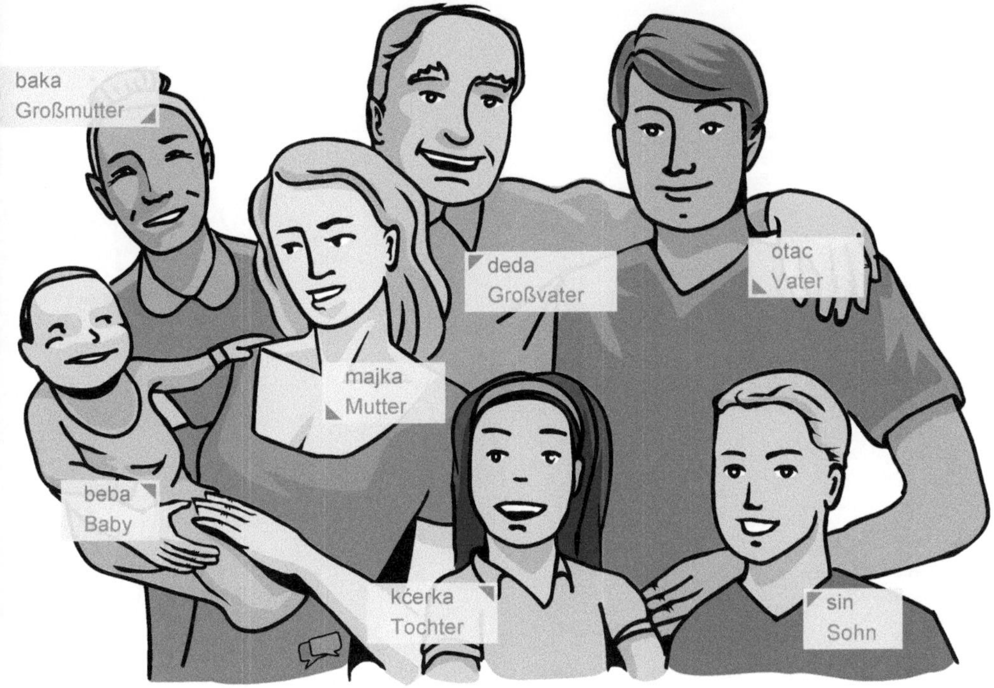
baka
Großmutter
deda
Großvater
otac
Vater
majka
Mutter
beba
Baby
kćerka
Tochter
sin
Sohn

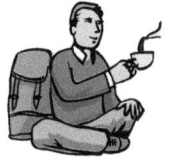

gost

Gast

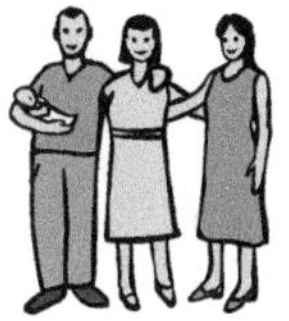

tetka

Tante

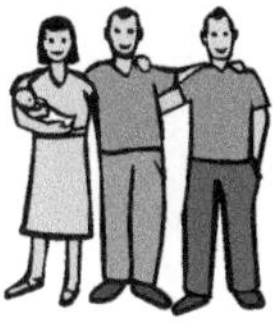

ujak, stric

Onkel

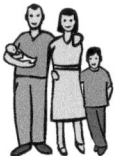

brat

Bruder

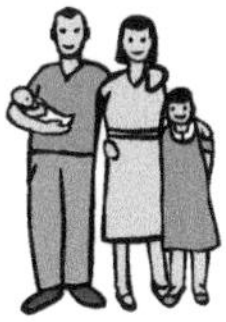

sestra

Schwester

telo
Körper

čelo
Stirn
oko
Auge
rame
Schulter
prst
Finger
lice
Gesicht
brada
Kinn
ruka
Hand
grudi
Brust
noga
Bein
ruka
Arm

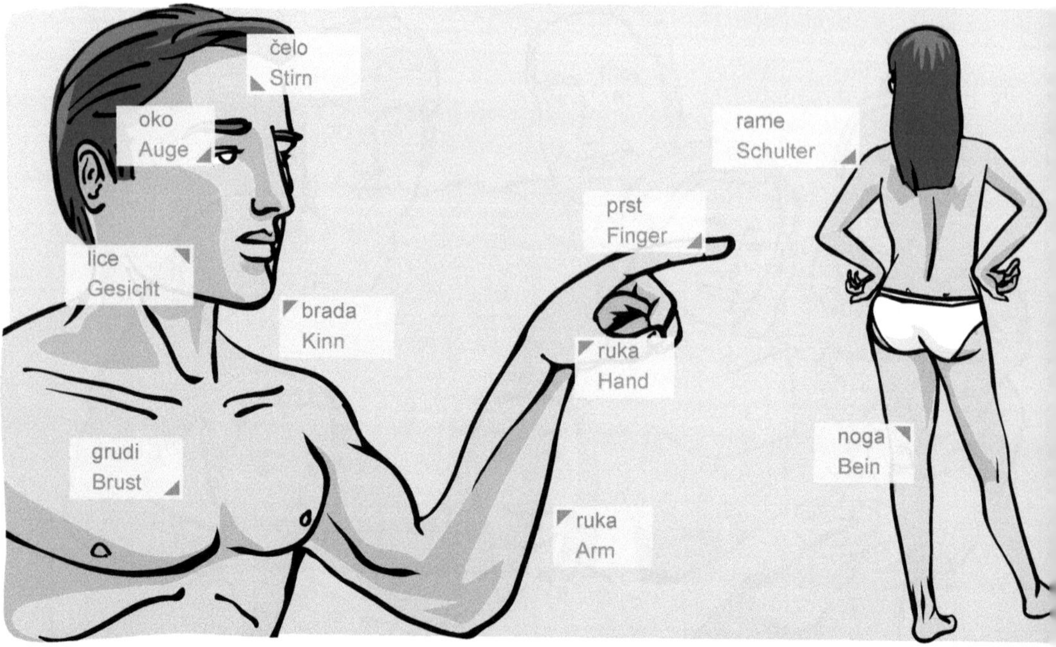

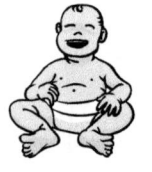

beba
Baby

muškarac
Mann

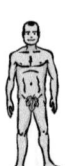

žena
Frau

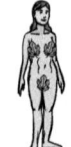

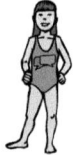

devojčica
Mädchen

dečak
Junge

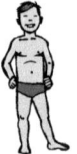

glava
Kopf

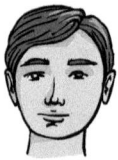

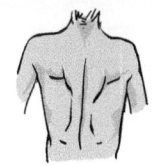

leđa
....
Rücken

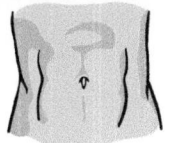

stomak
....
Bauch

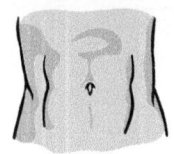

pupak
....
Nabel

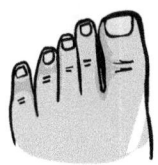

nožni prst
....
Zeh

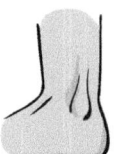

peta
....
Ferse

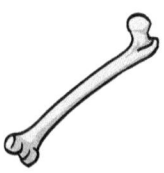

kost
....
Knochen

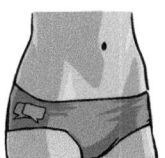

kukovi
....
Hüfte

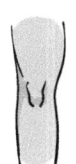

koleno
....
Knie

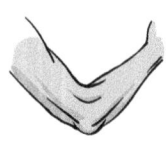

lakat
....
Ellenbogen

nos
....
Nase

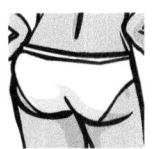

zadnjica
....
Gesäß

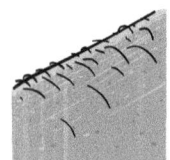

koža
....
Haut

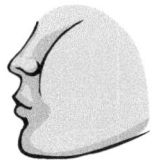

obraz
....
Wange

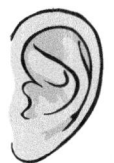

uvo
....
Ohr

usna
....
Lippe

usta

Mund

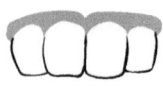

zub

Zahn

jezik

Zunge

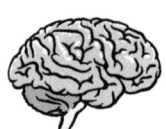

mozak

Gehirn

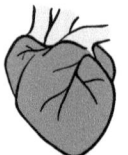

srce

Herz

mišić

Muskel

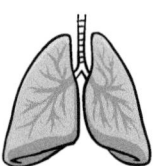

pluća

Lunge

jetra

Leber

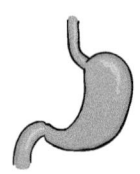

želudac

Magen

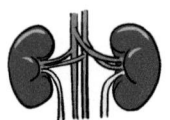

bubrezi

Nieren

polni odnos

Geschlechtsverkehr

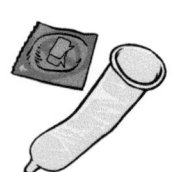

kondom

Kondom

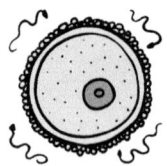

jajna ćelija

Eizelle

sperma

Sperma

trudnoća

Schwangerschaft

telo - Körper

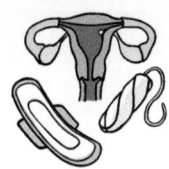

menstruacija

Menstruation

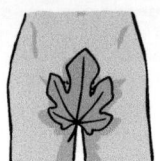

vagina

Vagina

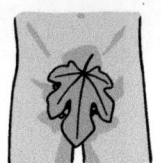

penis

Penis

obrva

Augenbraue

kosa

Haar

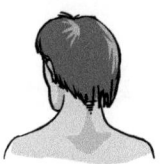

vrat

Hals

bolnica
Krankenhaus

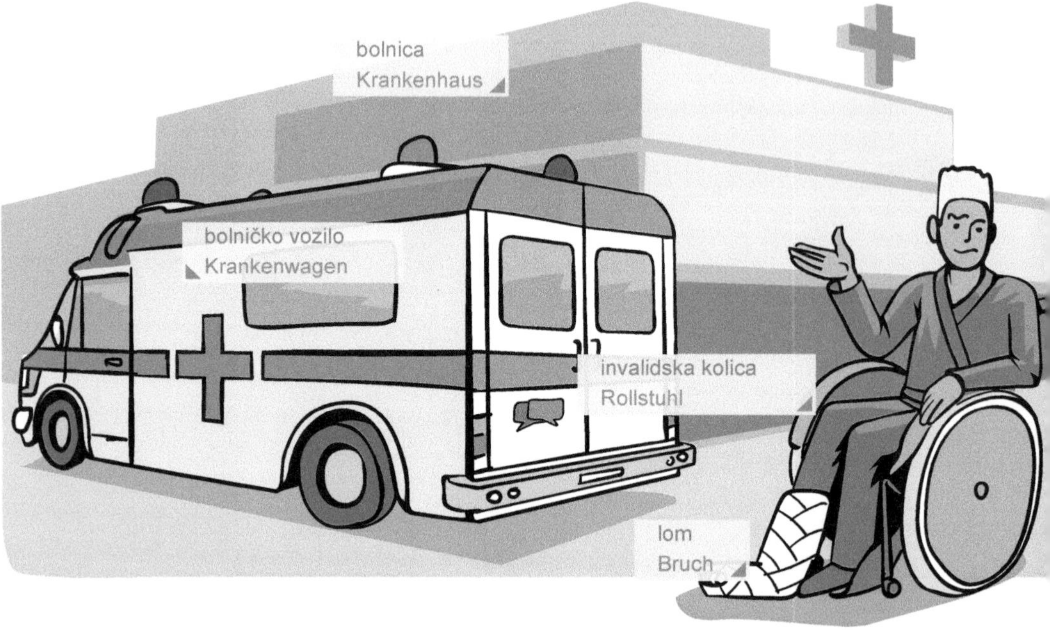

bolnica
Krankenhaus
bolničko vozilo
Krankenwagen
invalidska kolica
Rollstuhl
lom
Bruch

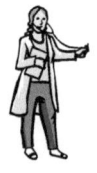

lekar

Arzt

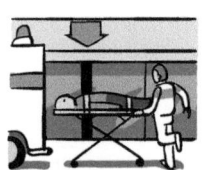

hitna medicinska služba

Notaufnahme

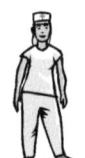

medicinska sestra

Krankenschwester

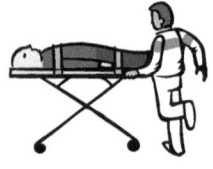

hitni slučaj

Notfall

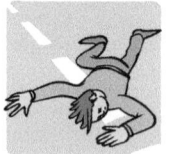

nesvest

ohnmächtig

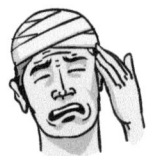

bol

Schmerz

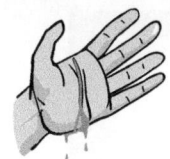

povreda

Verletzung

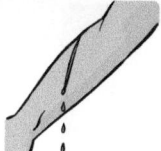

krvarenje

Blutung

srčani udar

Herzinfarkt

udar

Schlaganfall

alergija

Allergie

kašalj

Husten

groznica

Fieber

gripa

Grippe

proliv

Durchfall

glavobolja

Kopfschmerzen

rak

Krebs

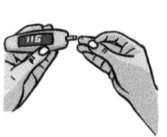

dijabetes

Diabetis

hirurg

Chirurg

skalpel

Skalpell

operacija

Operation

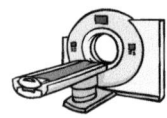

ct

CT

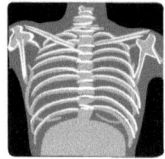

rentgen

Röntgen

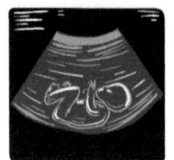

ultrazvuk

Ultraschall

maska

Maske

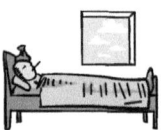

bolest

Krankheit

čekaona

Wartezimmer

štaka

Krücke

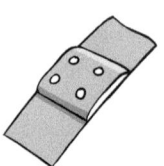

flaster

Pflaster

zavoj

Verband

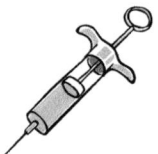

injekcija

Injektion

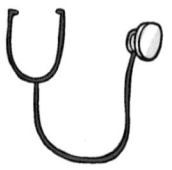

stetoskop

Stethoskop

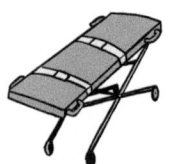

nosila

Trage

termometar

Thermometer

rođenje

Geburt

prekomerna težina

Übergewicht

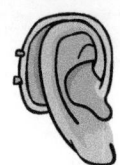

slušni aparat

Hörgerät

sredstvo za dezinfekciju

Desinfektionsmittel

infekcija

Infektion

virus

Virus

HIV / AIDS

HIV / AIDS

medicina

Medizin

vakcinacija

Impfung

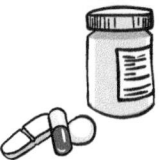

tablete

Tabletten

pilula

Pille

hitni poziv

Notruf

uređaj za merenje pritiska

Blutdruck-Messgerät

bolesno / zdravo

krank / gesund

pomoć!

Hilfe!

alarm

Alarm

nasrtaj

Überfall

napad

Angriff

opasnost

Gefahr

izlaz u slučaju nužde

Notausgang

požar!

Feuer!

protivpožarni aparat

Feuerlöscher

nezgoda

Unfall

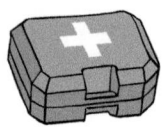

kutija prve pomoći

Erste-Hilfe-Koffer

sos

SOS

policija

Polizei

Evropa

Europa

Severna Amerika

Nordamerika

Južna Amerika

Südamerika

Afrika

Afrika

Azija

Asien

Australija

Australien

Atlantik

Atlantik

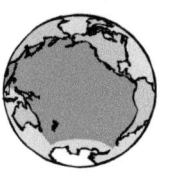

Pacifik

Pazifik

Indijski okean

Indischer Ozean

Antarktički okean

Antarktischer Ozean

Arktički ocean

Arktischer Ozean

Severni pol

Nordpol

Južni pol
Südpol

Antarktik
Antarktis

zemlja
Erde

zemlja
Land

more
Meer

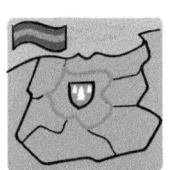

otok
Insel

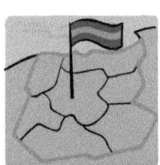

nacija
Nation

država
Staat

brojčanik sata

Zifferblatt

satna kazaljka

Stundenzeiger

minutna kazaljka

Minutenzeiger

sekundna kazaljka

Sekundenzeiger

Koliko je sati?

Wie spät ist es?

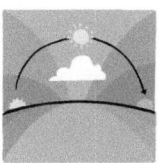

dan

Tag

vreme

Zeit

sada

jetzt

digitalni sat

Digitaluhr

minuta

Minute

čas

Stunde

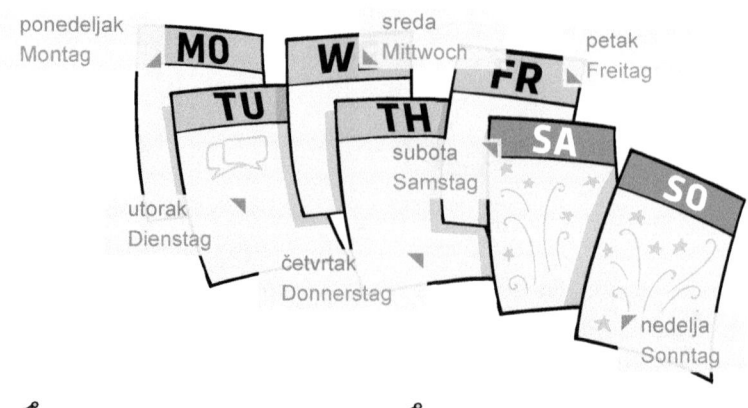

ponedeljak
Montag

sreda
Mittwoch

petak
Freitag

utorak
Dienstag

subota
Samstag

četvrtak
Donnerstag

nedelja
Sonntag

juče

gestern

danas

heute

sutra

morgen

jutro

Morgen

podne

Mittag

veče

Abend

MO	TU	WE	TH	FR	SA	SU
1	2	3	4	5	6	7
8	9	10	11	12	13	14
15	16	17	18	19	20	21
22	23	24	25	26	27	28
29	30	31	1	2	3	4

radni dani

Arbeitstage

MO	TU	WE	TH	FR	SA	SU
1	2	3	4	5	6	7
8	9	10	11	12	13	14
15	16	17	18	19	20	21
22	23	24	25	26	27	28
29	30	31	1	2	3	4

vikend

Wochenende

godina
Jahr

kiša
Regen
duga
Regenbogen
vetar
Wind
sneg
Schnee
proleće
Frühling
leto
Sommer
jesen
Herbst
zima
Winter

4.APRIL 11°
5.APRIL 4°
6.APRIL 13°
7.APRIL 8°
8.APRIL 10°

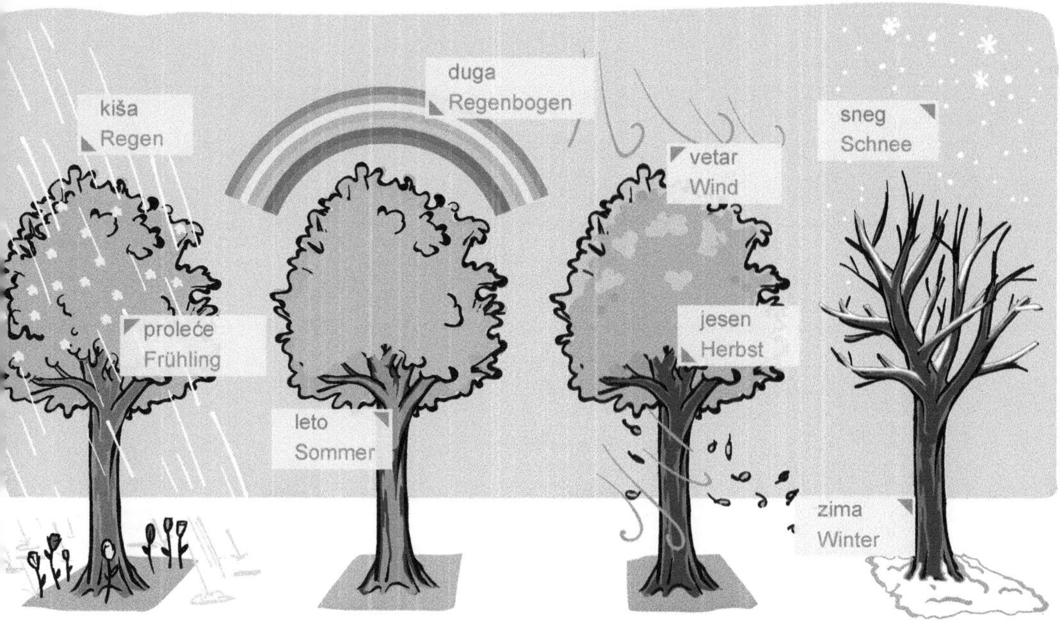

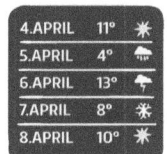

meteorološka prognoza

Wettervorhersage

F
C
120
90
60
30
0
-30
40
30
20
10
0
-10
-20

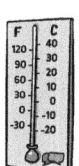

termometar

Thermometer

sunčana svetlost

Sonnenschein

oblak

Wolke

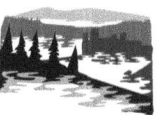

magla

Nebel

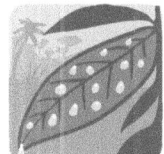

vlažnost vazduha

Luftfeuchtigkeit

munja

Blitz

grmljavina

Donner

oluja

Sturm

tuča

Hagel

monsun

Monsun

poplava

Flut

led

Eis

januar

Januar

februar

Februar

mart

März

april

April

maj

Mai

juni

Juni

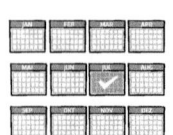

juli

Juli

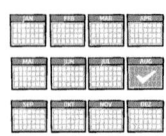

avgust

August

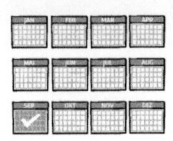

septembar

September

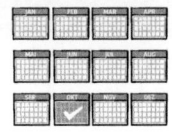

oktobar

Oktober

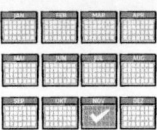

novembar

November

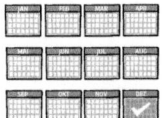

decembar

Dezember

oblici

Formen

krug

Kreis

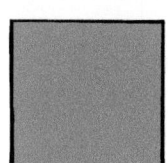

kvadrat

Quadrat

pravougao

Rechteck

trougao

Dreieck

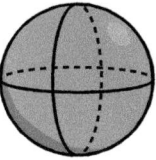

kugla

Kugel

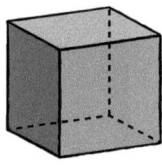

kocka

Würfel

bela

weiß

žuta

gelb

narandžasta

orange

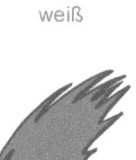

ružičasta

pink

crvena

rot

ljubičasta

lila

plava

blau

zelena

grün

smeđa

braun

siva

grau

crna

schwarz

mnogo / malo

viel / wenig

ljutito / mirno

wütend / friedlich

lepo / ružno

hübsch / hässlich

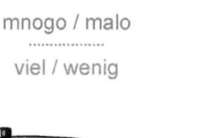

početak / kraj

Anfang / Ende

veliko / maleno

groß / klein

svetlo / tamno

hell / dunkel

brat / sestra

Bruder / Schwester

čisto / prljavo

sauber / schmutzig

potpuno / nepotpuno

vollständig / unvollständig

dan / noć

Tag / Nacht

mrtvo / živo

tot / lebendig

široko / usko

breit / schmal

jestivo / nejestivo

genießbar / ungenießbar

zlo / dobro

böse / freundlich

uzbuđeno / dosadno

aufgeregt / gelangweilt

debelo / mršavo

dick / dünn

na početku / na kraju

zuerst / zuletzt

prijatelj / neprijatelj

Freund / Feind

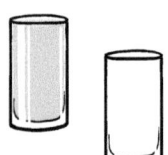

puno / prazno

voll / leer

tvrdo / mekano

hart / weich

teško / lagano

schwer / leicht

glad / žeđ

Hunger / Durst

bolesno / zdravo

krank / gesund

ilegalno / legalno

illegal / legal

pametno / glupo

intelligent / dumm

levo / desno

links / rechts

blizu / daleko

nah / fern

suprotnosti - Gegenteile

novo / polovno
....
neu / gebraucht

ništa / nešto
....
nichts / etwas

staro / mlado
....
alt / jung

uključeno / isključeno
....
an / aus

otvoreno / zatvoreno
....
offen / geschlossen

tiho / glasno
....
leise / laut

bogato / siromašno
....
reich / arm

tačno / pogrešno
....
richtig / falsch

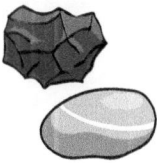

hrapavo / glatko
....
rau / glatt

tužno / sretno
....
traurig / glücklich

kratko / dugo
....
kurz / lang

polako / brzo
....
langsam / schnell

mokro / suho
....
nass / trocken

toplo / hladno
....
warm / kühl

rat / mir
....
Krieg / Frieden

brojevi
Zahlen

0

nula

null

1

jedan

eins

2

dva

zwei

3

tri

drei

4

četiri

vier

5

pet

fünf

6

šest

sechs

7

sedam

sieben

8

osam

acht

9

devet

neun

10

deset

zehn

11

jedanaest

elf

12

dvanaest
zwölf

13

trinaest
dreizehn

14

četrnaest
vierzehn

15

petnaest
fünfzehn

16

šestnaest
sechzehn

17

sedamnaest
siebzehn

18

osamnaest
achtzehn

19

devetnaest
neunzehn

20

dvadeset
zwanzig

100

stotinu
hundert

1.000

hiljadu
tausend

1.000.000

milion
million

engleski

Englisch

američki engleski

Amerikanisches Englisch

mandarinski kineski

Chinesisch Mandarin

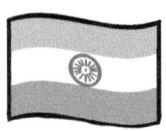

hindski

Hindi

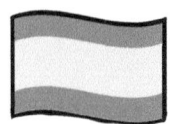

španski

Spanisch

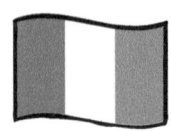

francuski

Französisch

arapski

Arabisch

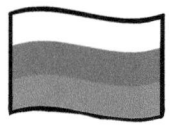

ruski

Russisch

portugalski

Portugiesisch

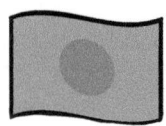

bengalski

Bengalisch

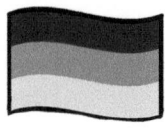

nemački

Deutsch

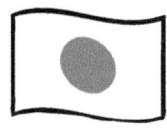

japanski

Japanisch

ja
....
ich

ti
....
du

on / ona / ono
....
er / sie / es

mi
....
wir

vi
....
ihr

oni
....
sie

Ko?
....
wer?

Šta?
....
was?

Kako?
....
wie?

Gde?
....
wo?

Kada?
....
wann?

ime
....
Name

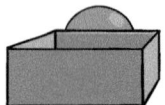

iza

hinter

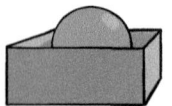

u

in

ispred

vor

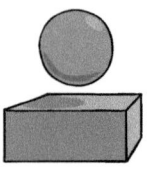

preko

über

na

auf

ispod

unter

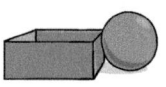

pored

neben

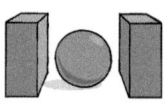

između

zwischen

mesto

Ort